QUELQUES
Considérations sur le sang
SES MALADIES
ET LA
Médication Ferrugineuse

PAR

E. REYGASSE

Pharmacien deux fois diplômé
Officier d'Académie

CAHORS
IMPRIMERIE TYPOGRAPHIQUE A. COUESLANT
1907

Capilline REYGASSE

CONTRE LA

Chute des Cheveux et de la Barbe

Il existe un grand nombre de spécialités contre la chute des cheveux. Les unes sont d'un prix excessif, les autres contiennent des produits dangereux.

La **Capilline Reygasse**, d'une odeur exquise, absolument inoffensive et ne contenant aucun principe toxique, arrête *immédiatement* la chute des cheveux et de la barbe, rend au cuir chevelu toutes ses propriétés, nettoie à fond la tête la plus encrassée soit à la suite de maladie prolongée, soit pour toute autre cause, est précieuse surtout pour les femmes, pour permettre de peigner sans risque d'arrachage la plus opulente chevelure, privée pendant longtemps de tous soins.

La **Capilline Reygasse** fait, dès les premiers jours de son emploi, repousser les cheveux ou les poils de barbe et de moustaches, cils, etc., avec leur épaisseur, leur couleur et leur souplesse primitives.

Il suffit de brosser tous les matins la partie dénudée avec une brosse sèche et ensuite avec une brosse imbibée de **Capilline Reygasse**.

PRIX DU FLACON

2 fr. dans toutes les bonnes Pharmacies.

Contre mandat-poste de **5 fr.**, M. REYGASSE, pharmacien à Lacapelle-Marival (Lot), envoie 3 flacons de **Capilline Reygasse**, franco d'emballage et de port en gare de l'acheteur.

QUELQUES
Considérations sur le sang
SES MALADIES
ET LA
Médication Ferrugineuse

PAR

E. REYGASSE

Pharmacien deux fois diplômé
Officier d'Académie

CAHORS
IMPRIMERIE TYPOGRAPHIQUE A. COUESLANT
—
1907

CAHORS, IMPRIMERIE A. COUESLANT. — 10.189

QUELQUES
CONSIDÉRATIONS SUR LE SANG
SES MALADIES
ET LA
MÉDICATION FERRUGINEUSE

Tout le monde connaît le sang, ce liquide opaque et vermeil, tout au moins pour l'avoir vu couler ; mais peu de personnes assurément en dehors des hommes de l'art, sont fixées sur sa nature et sa signification dans le corps humain. C'est une lacune que je vais essayer de combler d'une manière aussi claire, aussi intelligible que possible, m'adressant ici à tous ceux qui n'ont point d'acquit scientifique, c'est-à-dire au plus grand nombre. Et, de fait, existe-t-il une question plus intéressante, d'une application journalière plus utile ?

Tout d'abord, le sang n'est point, comme on pourrait le croire, un liquide coloré en rouge plus ou moins foncé. C'est, au contraire, un liquide jaune tenant en suspension, flottant dans sa masse, des milliards de corpuscules microscopiques, appelés globules sanguins. De ces globules, quelques-uns sont blancs, mais la plupart sont rouges-rutilants ; et leur présence a pour effet de masquer l'aspect propre du sang et de lui substituer leur coloration foncée. De même, après les pluies d'orages, voit-on certains cours d'eau très limpides se charger accidentellement de débris terreux dont la présence donne aux eaux une coloration étrangère et transitoire. En d'autres termes, le sang est une émulsion, comme on dit en pharmacie, et se compose de deux parties : une partie liquide ou véhicule (c'est la sérosité du sang), et une partie solide, composée de corpuscules microscopiques indépendants les uns des autres. Ce sont les globules sanguins.

Ceci explique déjà plusieurs phénomènes bien connus. Ainsi, un vésicatoire placé sur un point du corps attire vers l'épiderme de la peau le sang qui arrose cette région. Il se forme de la sorte une poche plus ou moins forte, que l'on vide par une piqûre d'épingle. La paroi de la poche n'est autre que l'épiderme soulevé ; quant au liquide qui la gonfle, c'est précisément la sérosité du sang.

Autre exemple : voici un malade chez lequel la circulation sanguine éprouve, pour s'effectuer, des obstacles considérables, comme cela a lieu dans les maladies du cœur, du foie, etc. Qu'arrivera-t-il ? C'est qu'en amont de ces obstacles, le sang s'accumulera dans ses vaisseaux, et qu'à force de s'amonceler, sa portion la plus fluide, la sérosité, transsudera et filtrera au travers des parois des canaux veineux, impuissants à le contenir, de là, cette sérosité se répand dans les tissus voisins, qu'elle infiltre et gonfle, et de préférence s'accumule dans les grandes cavités du corps. Le malade est devenu hydropique, et, d'après une expression populaire aussi vraie qu'énergique, il est tombé dans les eaux.

C'est encore la sérosité du sang qui, après avoir

joué son rôle dans l'économie, est filtrée par les reins. Ceux-ci la soutirent pour ainsi dire, et en débarrassent l'organisme en la rejetant au dehors sous le nom d'urine. Ce qui fait dire et avec raison, que l'urine est la lessive du sang.

Occupons-nous maintenant des globules sanguins. Infiniment petits, ils présentent la forme de disques aplatis ou de lentilles ; le diamètre de chacun d'eux n'a pas un centième de millimètre ! Entraînés par le courant sanguin, ils pénètrent dans les ramifications les plus ténues des veines et des artères, mais sont incapables, malgré leur petitesse, de filtrer au travers des parois de celles-ci ; aussi ne s'écoulent-ils au dehors qu'à la faveur d'une incision, d'une blessure des vaisseaux, alors apparaît, soit un filet, soit un jet de sang.

Le nombre de ces globules dépasse l'imagination : dans une goutte de sang qu'on prend à la pointe d'une aiguille, on a pu en compter plus de cinq millions ! Il n'est donc pas étonnant que leur couleur masque et domine tout dans le milieu sanguin.

Maintenant, quel est le rôle des globules ? Ils sont porteurs, autrement dit vecteurs d'oxygène. En d'autres termes, ils absorbent l'oxygène de l'air introduit dans les poumons par la respiration et le transportent dans les profondeurs de l'organisme, où il sert à la nutrition et à la dénutrition des tissus. Voilà, certes, une fonction vitale, primordiale, qui place le globule sanguin au premier rang parmi les organes indispensables de l'économie. Les globules sanguins sont, au premier chef, les nourrisseurs du corps humain : ce sont eux qui, proprement, méritent la dénomination de chair coulante que les anciens anatomistes appliquaient au sang.

Mais l'analyse scientifique moderne est encore allée plus loin. Nous savons aujourd'hui que ce n'est pas le globule qui, lui-même, fixe et transporte l'oxygène respiratoire. Cette fonction essentielle est tout entière dévolue à une substance particulière et remarquable, qui imprègne et colore le globule, et à laquelle ce dernier sert pour ainsi dire de charpente. De même la garance imprègne un feutrage, un tissu quelconque, au point de paraître faire corps avec lui.

Cette substance singulière, qui, en dernière analyse, est chargée de la fonction nutritive et respiratoire, qui, en somme, constitue la caractéristique et la base du sang et en forme comme le radical, se nomme l'hémoglobine. La découverte, l'analyse et l'étude de l'hémoglobine constituent une des capitales découvertes de la science moderne. Elle nous arrêtera quelques instants.

L'hémoglobine est une substance organique de composition assez complexe et dont la caractéristique est de contenir du fer. C'est précisément le fer qui donne à l'hémoglobine sa belle coloration rouge-vermeil ; c'est également le fer qui lui communique sa propriété remarquable de fixer, dans une sorte de combinaison lâche, l'oxygène de l'air, et de transporter ce dernier, comme un germe de vie et de mouvement, dans tous les points du corps, l'abandonnant aux divers tissus au fur et à mesure de leurs besoins. Le fer est, en un mot, le pourvoyeur de l'organisme.

Ainsi parvenus aux produits extrême de l'analyse

biologique, nous pouvons énoncer la proposition suivante : C'est le fer qui donne au sang sa couleur, qui lui donne également sa vertu formatrice et réparatrice. En d'autres termes, c'est le fer qui nous fait respirer et vivre. Il est curieux de constater de la sorte la présence du fer dans le corps humain, de retrouver ce métal, dont le nom caractérise une des périodes anthropologiques, à l'origine de toutes les organisations élevées, de celle des vertébrés mammifères, dont l'homme constitue le type le plus parfait. De même nous trouvons le fer au début de toutes les civilisations primitives que mentionne l'histoire. Celui qui, le premier, ouvrit avec le fer le sein de la terre, changea certainement la face du monde.

Aussi, dans les deux règnes (l'organique, aussi bien que l'inorganique), vie et fertilisation constituent l'apanage du fer, qui personnifiait également la destruction et la guerre, sous le nom de *Mars* que lui donnaient les anciens. Quoi qu'il en soit, il est aisé de constater la présence du fer dans l'économie : en brûlant les 7 à 8 litres de sang dont se compose la masse sanguine d'un homme ordinaire, on trouve, par les procédés les plus élémentaires, un résidu de 4 à 5 grammes de fer.

Tel est le sang, milieu complexe et formateur par excellence, que l'on considère aujourd'hui comme un véritable tissu vivant. Il n'est donc pas étonnant qu'à l'instar des autres tissus (os, nerfs, etc.), il ait des maladies propres, spéciales, qui empruntent même à sa nature un cachet particulier. De ces maladies, nombreuses assurément et bien connues des hommes de l'art, la première par sa fréquence et par ses effets, est la Chlorose ou Anémie, autrement dit Chloro-Anémie.

Cette maladie, connue vulgairement sous le nom de *Pâles couleurs*, et qu'on rencontre pour ainsi dire à chaque pas, provient d'un mauvais état général du sang et se manifeste par des troubles nombreux. Elle s'attaque de préférence aux personnes affaiblies, peu résistantes, au sexe féminin, appelé faible pour une foule de raisons physiologiques et autres.

Chez les femmes, on rencontre la Chloro-Anémie surtout à l'âge de la puberté, au moment où se développe l'appareil génital. Il semble qu'il se produise alors, de ce côté, une exagération du travail formateur de la part du sang, et, par contre-coup, une spoliation temporaire de tout l'organisme au profit du développement ovarien.

Prenons le cas ordinaire, le plus commun : Voici une jeune fille qui a les pâles couleurs. Elle offre des manifestations morbides pour ainsi dire par tous les côtés de sa personne, par tous ses organes, lesquels, en effet, sont tous tributaires du sang, et subissent le contre-coup de ses désordres. Le symptôme le plus frappant consiste dans la décoloration de la peau et des muqueuses : teint blême, de cire ; lèvres pâles, conjonctives blafardes ; quelquefois, rougeurs des joues, vives mais passagères.

L'état général se traduit par une indolence et une faiblesse anormales, mais qui ne s'accompagne pas d'amaigrissement. Du côté du cœur et des vaisseaux, le médecin constatera des souffles spéciaux, dits anémiques. Mais c'est surtout du côté du système nerveux que les désordres sont les plus manifestes. La malade, devenue un vrai paquet de nerfs, comme on dit dans les romans, est dans un état d'équilibre instable qui la fait passer, sans motif aucun, d'une excitation exagérée à un abattement complet, des rires aux pleurs, de la joie à la tristesse, à la mélancolie. D'autre part, maux de tête, migraines, névralgies diverses, surtout faciale ; en un mot, c'est le cri de détresse des nerfs implorant un sang plus généreux.

Les digestions sont amoindries, lourdes et pénibles. Le creux de l'estomac est le siège de douleurs et de battements ; une constipation opiniâtre s'établit au moindre motif. D'autres fois, l'appétit, au lieu de disparaître, devient étrange et dépravé.

Enfin, les désordres sont constants du côté des fonctions menstruelles. D'ordinaire, les règles font défaut ; d'autres fois, elles sont au contraire exagérées et dégénèrent en pertes sanguines ; dans l'intervalle, les malades sont épuisés par la leucorrhée ou flueurs blanches. En un mot, toutes les sécrétions portent les stigmates d'une dégénération profonde ; l'organisme semble en déchéance ; le feu sacré qui entretient la vie paraît ralenti, à demi éteint.

Il était réservé à la médecine moderne de saisir le secret de cette maladie, de cet état morbide du sang. Il consiste simplement dans une dégénérescence qualitative de l'hémoglobine.

L'hémoglobine est modifiée dans ses fonctions parce qu'elle est modifiée dans sa nature ; elle est pâle, rose et non plus rouge ; elle est incapable de fixer l'oxygène ; en un mot, elle manque de fer.

Ainsi, dans l'anémie, c'est le globule sanguin lui-même qui est anémique ! Le fer fait défaut, ou du moins n'est plus en quantité suffisante. D'où la conséquence immédiate, ou mieux la conclusion : pour guérir l'anémie on donnera du fer.

Les anciens médecins, avec une intuition merveilleuse, donnaient du fer et s'en trouvaient bien, se contentant du résultat empirique. Or, il se trouve aujourd'hui qu'ils employaient, sous le nom de *Martiaux*, le véritable spécifique du mal ; et la faveur des médicaments ferrugineux s'en est accrue, joignant la sanction de la science à celle des résultats cliniques. C'est ce que le professeur Gubler a exprimé d'une façon saisissante, en appelant le fer un médicament *sanguificateur*.

Aussi, de nos jours, les préparations pharmaceutiques ferrugineuses sont-elles, pour ainsi dire, innombrables, chaque auteur préconisant la sienne, et chacune d'elles ayant obtenu plus ou moins de vogue. De ces préparations, la plupart ont été érigées en spécialités pharmaceutiques, avec des fortunes diverses, souvent, il faut le dire, peu en rapport avec leur valeur réelle. Ainsi, nous pourrions citer tel fer médicamenteux, très lancé au point de vue commercial, et qui est loin de jouir des propriétés qu'on lui attribue. Introduit expérimentalement dans l'estomac des animaux, il forme un précipité gélatineux, insoluble aux sucs digestifs, et, par suite, inabsorbable par les voies de la digestion. Ce fer se contente donc de traverser l'intestin dans toute sa longueur, colorant les selles en noir par la formation de sulfures ferreux empruntés aux hydrogènes sulfurés du bol alimentaire. Il est finalement rendu en entier sinon en nature, après avoir souvent provoqué de la constipation en irritant sur son passage la muqueuse intestinale.

Heureusement, tous les martiaux n'en sont pas là. Il en est un certain nombre des plus recommandables et par leur action et par leur inocuité à l'égard de l'appareil digestif. Ils ont pour eux la sanction de l'expérience et aussi l'autorité de grands noms en médecine et en chimie. Parmi ceux-là, il en est un qui mérite une mention spéciale : c'est le *Tartrate ferrico-potassique*. Expérimenté d'abord par Mialhe et Chalvet, il obtint de bonne heure la préférance des grands praticiens. Le professeur Gubler préconise ce fer, parce que, dit-il, à action égale, c'est celui qui constipe le moins et dont l'action sur les voies digestives et la circulation est la moins excitante.

Rabuteau exprime à peu près la même opinion à l'égard de ce produit. Le professeur Hardy, président de l'Académie de médecine, recommande le tartrate ferrico-potassique, parmi tous les ferrugineux, dans ses cliniques justement célèbres de l'Hôpital de la Charité. Enfin, le professeur Jaccoud, dans son *Traité magistral de pathologie interne*, n'hésite pas à donner la préférence à ce médicament, parmi tous les spécifiques préconisés contre la Chloro-Anémie.

Me sera-t-il permis d'ajouter à ces appréciations l'acquit de mon expérience personnelle, ayant eu maintes fois l'occasion de voir employer ce médicament, sous mes yeux, avec un succès incontestable ? Aussi lui ai-je accordé toutes mes préférences le considérant à bon droit comme le premier des ferrugineux.

Nous voici donc en possession d'un spécifique de l'anémie, ou mieux de toute détérioration qualitative du sang. Tout d'abord, il est évident que l'état liquide est préférable à l'état solide, au point de vue de l'absorption par l'estomac ; c'est une des applications de l'adage encore plus médical que chimique : *Corpora non ayunt, nisi soluta*. D'où la conséquence : administrer le tartrate ferrico-potassique en solution.

En second lieu, il ne suffit pas d'apporter dans l'estomac, le médicament tout prêt à être assimilé. Il faut encore et surtout que l'estomac, en face du médicament, se comporte comme envers un aliment assimilable ; en d'autres termes, il faut ouvrir au fer les portes de l'absorption, le faisant passer de l'estomac dans le sang, où il produira son effet ultime, définitif, qui est de modifier sur place la masse sanguine. Cette condition est extrêmement importante ; car, à quoi sert le meilleur remède, s'il n'est pas introduit dans le milieu auquel on le destine et où il doit agir ? De là la nécessité, en administrant les ferrugineux, de leur ouvrir toutes les voies d'absorption, en stimulant les fonctions digestives, en éveillant spécialement pour eux l'activité stomacale. Il faut, en un mot, que leur présence provoque leur introduction dans le courant sanguin ; et le moyen le plus sûr consiste à associer au fer des stimulants de l'appétit et de la digestion, le quinquina ou l'alcool par exemple.

J'ai cru trouver la solution du problème en faisant dissoudre le tartrate ferrico-potassique dans le vin de quinquina, lequel fournirait de la sorte et le véhicule et le stimulant cherchés ; en vertu de ses propriétés bien connues, le vin de quinquina ferait accepter le fer par l'estomac et provoquerait son absorption immédiate. L'hypothèse s'est trouvée confirmée par l'expérience, et ce mode d'administration m'a paru remplir tous les *desiderata*. Il offre encore un autre avantage, à savoir que le tannin du vin quinine s'empare du fer non assimilé et forme avec lui des sels insolubles, rejetés avec les selles comme des matières inertes, et incapables, par suite, de provoquer de la constipation.

Ce n'est pas ici le lieu de faire l'éloge du quinquina, et particulièrement du vin kinique bien préparé ; ils sont suffisamment appréciés du public comme toniques et reconstituants ; qu'il suffise de savoir que l'adjonction du fer ne lui enlève aucune de ses qualités, qu'elle le transforme, au contraire, en une médication plus active : de cette association féconde naît un agent véritablement précieux.

Tel est le produit pharmaceutique que j'offre aujourd'hui à l'appréciation du public, et surtout à celle des hommes de l'art. Toutefois, dans ces derniers temps, j'ai ajouté au fer deux éléments dont on ne saurait méconnaître la valeur : le cacao et l'écorce d'oranges amères. Cette dernière, bien connue comme stimulant de l'appétit et de la digestion, est très employée en pharmacie : elle offre encore un autre avantage, celui de masquer le goût styptique que présentent toutes les préparations ferrugineuses, si soignées soient-elles. C'est un tonique amer d'un utilité incontestable et dont l'adjonction m'a donné les meilleurs résultats.

A ces corps se trouve joint le cacao, dont la présence, toute indiquée ici, enlève tout espèce de goût désagréable au Vin du Marival, et, en lui communiquant ses propriétés analeptiques, en fait une liqueur aussi nourrissante qu'agréable à boire. Le bénéfice de l'association de ces divers produits n'est balancé par aucun inconvénient.

Au point de vue de la limpidité, de la conservation et du goût, le Vin du Marival peut supporter la comparaison avec les préparations réputées les meilleurs et les plus délicates.

Voilà donc un tout pharmaceutique, complexe à la vérité dans sa composition, mais bien univoque dans sa résultante et ses effets. Son goût délicieux le met à la portée de toutes les bouches, sa parfaite inocuité le rend absorbable aux estomacs le plus difficiles. Je le livre de confiance à l'expérimentation clinique des médecins, sûr d'avance d'avoir pu mériter leurs suffrages, heureux surtout d'avoir fourni un appoint, bien faible il est vrai, au vaste édifice de la thérapeutique moderne.

J'ai donné à ce vin le nom de *Vin du Marival*; c'est celui du pays où mon père a longtemps exercé la pharmacie, et où je l'exerce moi-même; c'est également le pays où j'ai pu expérimenter mon produit et en constater tout d'abord les bons effets. Mon ambition légitime est de le voir porter partout le soulagement et la santé.

Ce médicament, qui réunit les principaux éléments auxquels s'adressent MM. les Médecins pour guérir les maladies de langueur, se recommande surtout aux chefs d'institution qui désirent voir les jeunes personnes des deux sexes confiées à leurs soins traverser avec succès l'âge critique de la puberté, qui influe presque toujours sur le reste de la vie.

Il convient éminemment aux personnes faibles par tempérament ou affaiblies par des maladies longues ou douloureuses C'est une source précieuse où les jeunes mères et les nourrices iront puiser les forces dont elles ont besoin.

J'ai vu obtenir des résultats surprenants, par l'emploi du *Vin du Marival*, dans le traitement de certaines névralgies faciales et de l'estomac.

Le *Vin du Marival* donne de l'appétit, des forces, remet le système nerveux en équilibre. Il peut remplacer avec succès l'huile de foie de morue chez les personnes qui ne peuvent supporter cet excellent médicament.

Le *Vin du Marival* rend au flux menstruel la régularité qu'il peut avoir perdue et la quantité qui peut lui manquer.

Enfin, j'espère lui voir remplir le vieil adage hypocratique :

« Divinum autem opus medicinæ, cédare dolorem. »

MODE D'EMPLOI

Le *Vin du Marival* se prend à la dose de deux cuillerées à bouche, demi-heure avant chacun des deux principaux repas, ou bien à la même dose, dix minutes après les mêmes repas, ou encore à la dose d'un petit verre à liqueur, le matin à jeun.

Cette dose convient aux grandes personnes.

Chez les enfants, on remplacera les cuillerées à soupe par deux cuillerées à café ou bien le petit verre à jeun par un demi-verre.

Nous insérerons avec plaisir les lettres qu'on voudra bien nous envoyer.

Exiger la signature ci-contre sur les étiquettes et l'enveloppe qui entoure mes flacons, ainsi que sur la capsule en deux couleurs qui sert à les cacheter avec ces mots : VIN DU MARIVAL

Prix du flacon : 4 fr.

Marque déposée selon la loi

Le *Vin du Marival* se trouve généralement dans toutes les bonnes pharmacies.

Dans le cas où un client ne trouverait pas ce produit chez son Pharmacien, il n'a qu'à s'adresser directement à M. Reygasse, pharmacien à Lacapelle-Marival, qui enverra franco de port et d'emballage, en gare de l'acheteur :

2 fl. *Vin du Marival* contre mandat ou bon de poste de 8 francs.

4 fl. *Vin du Marival* contre mandat ou bon de poste de 15 francs.

Extrait de quelques lettres

QUI NOUS SONT PARVENUES

Nous insérerons aussi les noms de MM. les Pharmaciens, Droguistes et Commissionnaires qui, possédant chez eux le *Vin du Marival*, voudraient le faire savoir par l'organe de nos opuscules.

Saint-Antonni.

Veuillez me faire parvenir trois autres flacons *Vin du Marival*. Mon appétit est totalement revenu, et je n'éprouve plus de maux d'estomac, etc.

GALANDRIN,
Receveur de l'enregistrement.

Lacapelle.

Ayant eu l'occasion d'employer souvent le *Vin du Marival*, j'en ai obtenu les meilleurs résultats.

Dr Gabriel FRAYSSÉ,
Lauréat de l'Académie de Médecine,
Prix Gerdy.

Rueyres (Lot).

J'affirme que je me suis très bien trouvé de l'usage que j'ai fait, à la suite d'un épuisement, du *Vin du Marival ferrugineux*.

VAYSSOUZE.

Rueyres.

Je me plais à certifier que ma femme, en convalescence d'un rumathisme articulaire, a fait usage

du vin dit *Vin du Marival*, et qu'il a puissamment contribué à lui activer l'appétit en même temps que les forces revenaient.

SALGUES,
Instituteur public.

<div align="center">~~~~~</div>

Lacapelle.

Monsieur Reygasse,

Je vous remercie de l'excellent *Vin du Marival* que vous m'avez fourni. Je continuerai à en faire usage. Je reconnais qu'il fortifie l'estomac et réveille l'appétit.

Mme E. RAMOND.

<div align="center">~~~~~</div>

Villefranche (Aveyron).

Le *Vin du Marival ferrugineux* a produit un très bon effet sur mes deux enfants ; ils ont retrouvé l'appétit et se portent bien.

M. FABRE.

<div align="center">~~~~~</div>

Villefranche (Aveyron).

J'éprouvais un grand dégoût et étais d'une faiblesse extrême. Le *Vin du Marival ferrugineux* m'a fait le plus grand bien.

P. RAUZET.

<div align="center">~~~~~</div>

Lacapelle-Marival.

A la suite de mes études, j'ai éprouvé une grande fatigue, qui a disparu à la suite de l'usage que m'a fait faire mon médecin du *Vin du Marival ferrugineux*.

Maria RICROS.

<div align="center">~~~~~</div>

Villefranche (Aveyron).

Je déclare m'être très bien trouvé de l'emploi du *Vin du Marival ferrugineux*.

M. CLAPIER.

<div align="center">~~~~~</div>

Monsieur REYGASSE, *pharmacien,*
Lacapelle-Marival (Lot).

Envoyez-moi encore quatre flacons *Vin du Marival*, il a fait à mon fils un bien infini, il le fortifie et lui donne de l'appétit.

Villefranche, mars 1883.

Veuve SARRAZIN.

~~~~~~

Lacapelle-Marival (Lot).

A la suite des fièvres chaudes que j'ai gardées pendant sept mois, en Afrique, j'ai fait usage, d'après les conseils de mon médecin, du *Vin du Marival ferrugineux* ; les accès ont disparu, l'appétit est revenu, et ma santé est aussi florissante que jamais.

G. REVEILHAC,
Greffier de la Justice de paix.

~~~~~~

Villefranche (Aveyron).

Après avoir employé le *Vin du Marival ferrugineux*, je me suis trouvée beaucoup mieux.

Mme veuve VERGNES.

~~~~~~

Couvent de Gorses (Lot).

Monsieur REYGASSE,

Ayant entendu avantageusement parler du *Vin du Marival* contre l'anémie, j'en ai fait usage dans mon couvent. Toutes les personnes qui en ont pris s'en sont parfaitement trouvées ; je viens donc vous prier de m'en envoyer deux autres flacons.

Sœur SPÉRIE, supérieure.

(*A suivre.*)

~~~~~~

SYNTHÉSINE REYGASSE

HUILE DE FOIE DE MORUE EN POUDRE

Soluble dans l'eau, le vin, le lait

et tous les liquides

SANS ODEUR ET SANS GOUT

L'emploi de l'huile de foie de morue va se généralisant de plus en plus, tant sont grands et nombreux les bons résultats que l'on obtient par son adoption. Mais beaucoup de personnes se refusent à faire usage de ce précieux médicament, tant à cause de la répugnance qu'inspirent son odeur et son goût que pour l'impossibilité absolue où elles sont de supporter les vomissements ou les diarrhées qu'occasionne parfois cet excellent remède.

Une grande quantité de spécialités ont été vainement présentées au public, aucune n'a encore pu remplacer l'huile de foie de morue. Les capsules d'huile, par exemple, sont presque toujours indigestes, 6 à 8 représentent à peine une 1/2 cuillerée d'huile. Les Emulsions et les Sirops échauffent souvent et sont presque toujours aussi mauvais que l'huile elle-même. Ces spécialités sont **toujours cinq ou six fois plus chères** que la quantité d'huile qu'elles représentent et leur effet médical absolument nul.

Frappé par ces nombreux inconvénients nous avons, après de nombreux travaux de laboratoire, recherché et obtenu un produit qui n'est autre que de l'huile de foie de morue en poudre, soluble dans l'eau, le vin, le lait, sans odeur et sans goût, d'une absorption très facile, même en voyage et pendant les plus fortes chaleurs.

Nous avons donné à ce produit le nom de **SYNTHÉSINE REYGASSE.**

La **SYNTHÉSINE REYGASSE**, dans laquelle **tous** les principes actifs de l'huile sont combinés dans les mêmes proportions que dans l'huile même, est **le seul produit** qui remplit **toutes les conditions médicales recherchées dans l'emploi de l'huile,** le seul qui puisse efficacement la remplacer, le seul où toute l'action **dépurative, reconstituante, antinerveuse** de l'huile de foie de morue soit conservée.

La **SYNTHÉSINE REYGASSE** se vend **3 francs** la boîte de 40 doses ; chaque boîte équivaut à deux litres d'huile de foie de morue, chaque dose représente deux cuillerées de ce liquide. **Elle est donc deux fois moins chère que l'huile de foie de morue elle-même.**

C'est la santé mise à la portée de toutes les bourses.

Économie, commodité, santé, tels sont les résultats principaux que l'on retire de l'emploi de ce précieux médicament.

USAGES DE LA SYNTHÉSINE REYGASSE

Mode d'emploi

La **SYNTHÉSINE REYGASSE** à la dose de une mesure par jour, en solution dans la première fiole de lait des enfants du premier âge, facilite le développement osseux et musculaire, la dentition, la croissance. Dépuratif énergique, elle fait disparaître le lymphatisme, les glandes, les engorgements, tarit les sources de suppuration de la tête, des oreilles, du nez, elle calme l'irritabilité nerveuse des enfants, évite l'arrivée ou le retour des convulsions, est par excellence **l'ami du berceau**.

A la dose de une mesure matin et soir, dans un peu de lait ou de tisane, elle est souveraine contre la toux, la grippe, l'**influenza**, la **coqueluche**, les rhumes de mauvaise nature, la phtisie au début, qu'elle finit par vaincre, les catarrhes pulmonaires la bronchite, la laryngite, etc.

Une mesure matin et soir en solution dans du lait, du vin, ou mieux du **Vin de Marival**[1], guérissent le lymphatisme, le rachitisme, la faiblesse originelle, la pauvreté du sang, l'anémie, la neurasthénie, surmenage intellectuel et physique ; épuisement, convalescences lentes et pénibles, croissances trop rapides ou retardées, l'amaigrissement, vieillesse prématurée, etc.

A la dose de une mesure avant chaque repas, dans un peu d'eau sucrée ou de vin de quinquina, elle stimule l'appétit, facilite la digestion, empêche les vomissements, fait disparaître les gaz, les aigreurs, les constipations chroniques, et guérit rapidement la dyspepsie, gastrite, gastralgie et toutes les maladies de l'estomac.

L'albuminurie et la néphrite sont vaincues par l'emploi journalier de la **SYNTHÉSINE REY-**

---

[1] Prix : 4 francs le flacon dans toutes les pharmacies, **produit médaillé**.

— 23 —

GASSE, à la dose de 3 à 4 mesures par jour en solution chacune dans un litre de lait.

Les personnes soumises au régime lacté, qui font usage de la **SYNTHÉSINE REYGASSE** à la dose ci-dessus, supportent sans fatigue ce genre d'alimentation et activent leur guérison dans des proportions incroyables.

Économie, Commodité, Santé

Tels sont les résultats les plus appréciables de l'emploi de la **SYNTHÉSINE REYGASSE**

La **SYNTHÉSINE REYGASSE** se trouve dans toutes les pharmacies au prix de **3 francs** la boîte. Chaque boîte contient une cuiller en métal qui fait une mesure, chaque mesure représente deux cuillerées d'huile de foie de morue.

Agiter légèrement le liquide pour favoriser la solution de la SYNTHÉSINE REYGASSE.

Exiger sur chaque boîte la marque de fabrique ci-contre :

TENIR LES BOITES AU SEC

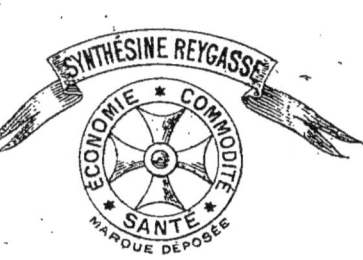

Envoi **franco** *par la poste contre mandat-poste de* **3 francs** *par boîte, en s'adressant directement* à **Monsieur REYGASSE, pharmacien,** à **LACAPELLE-MARIVAL (Lot).**

CAHORS, IMPRIMERIE A. COUESLANT. — 10.189

PHARMACIE
REYGASSE Fils

A LACAPELLE-MARIVAL (Lot)

Vente en Gros

du **VIN DU MARIVAL**

de la **SYNTHÉSINE REYGASSE**

des **PILULES BELGES**

de la **CAPILLINE REYGASSE**